The play

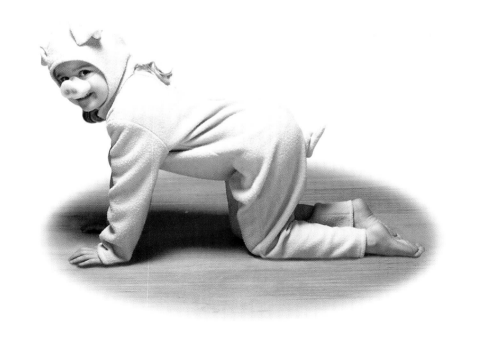

Look at me.

I am a mouse.

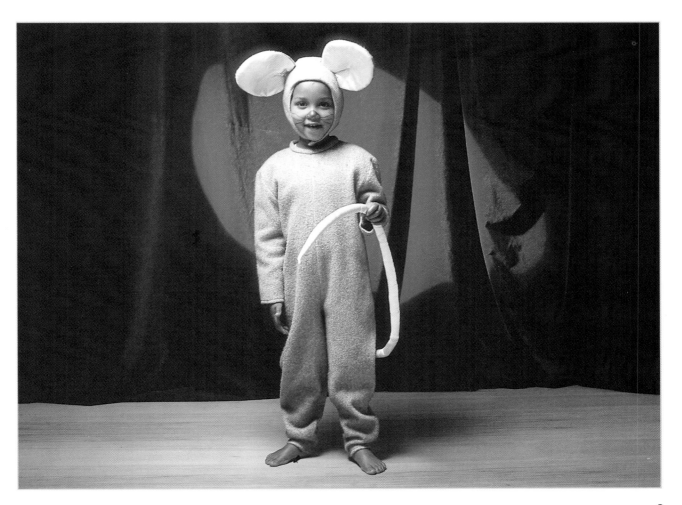

Look at me.

I am a cat.

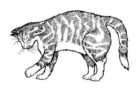

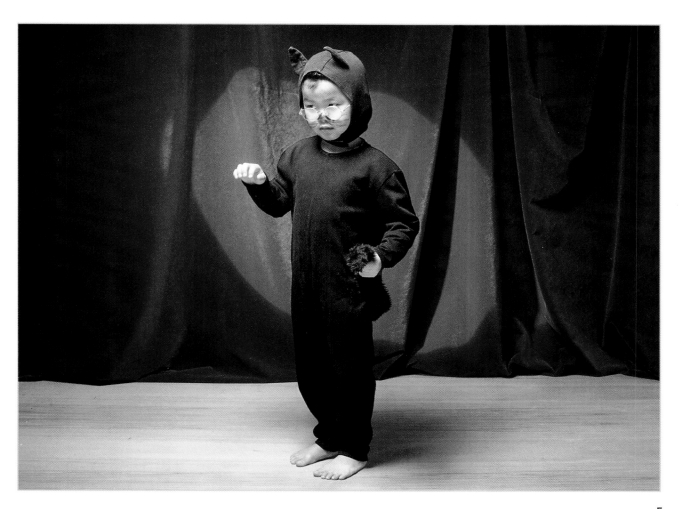

Look at me.

I am a dog.

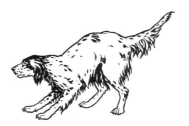

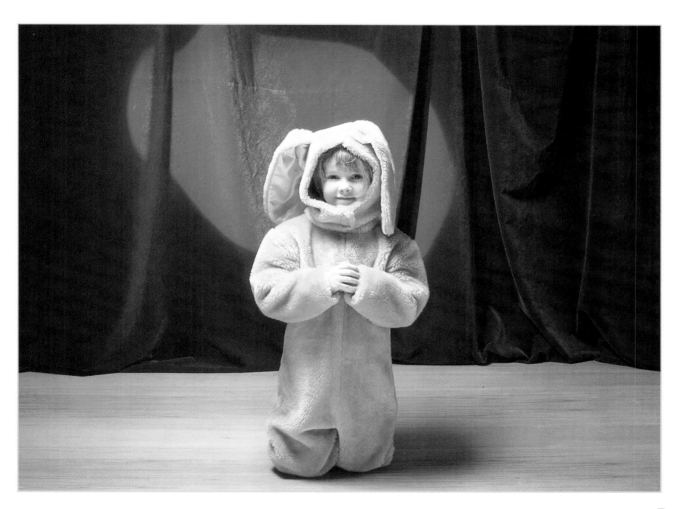

Look at me.

I am a rabbit.

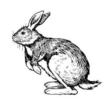

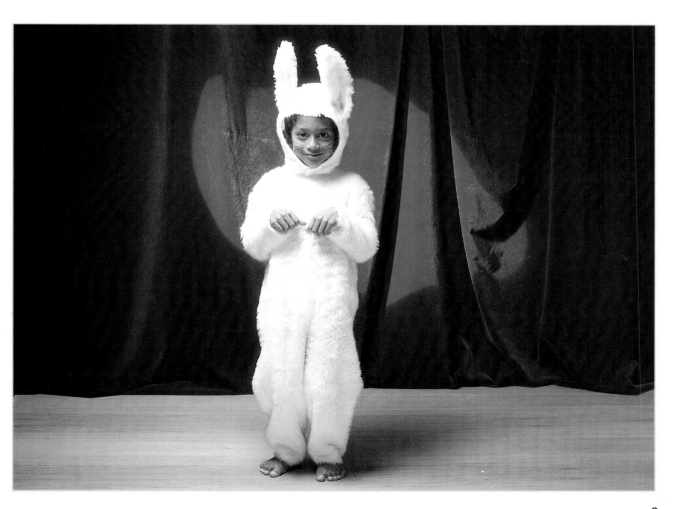

Look at me.

I am a pig.

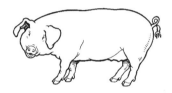

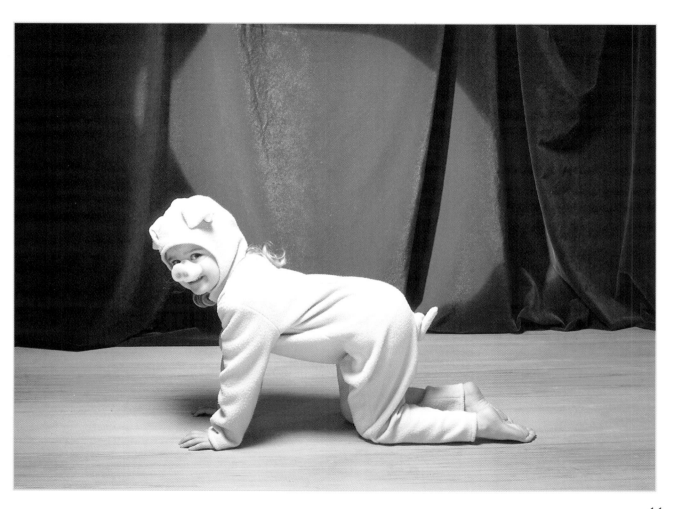

Look at me.

I am a cow.

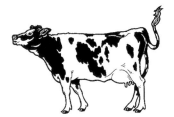

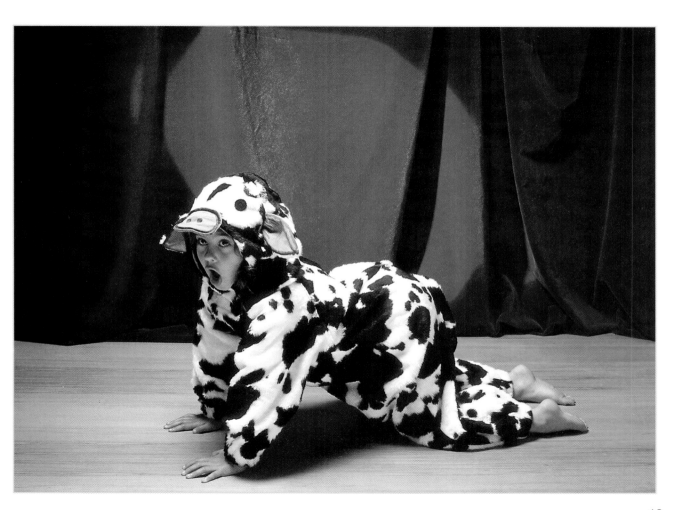

Look at me.

I am a duck.

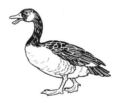

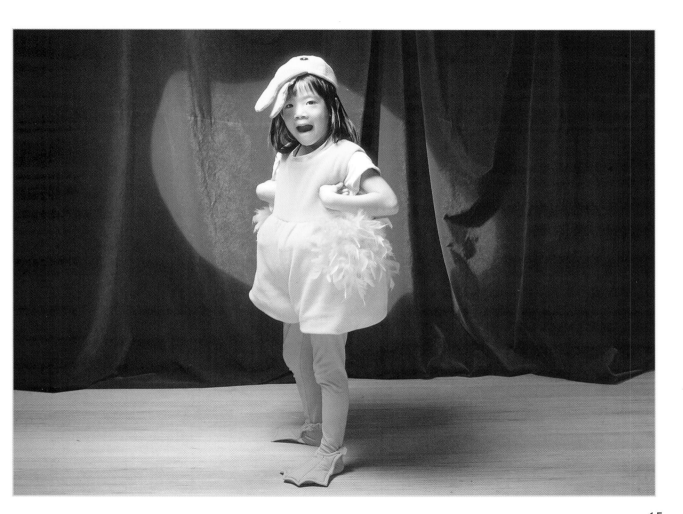

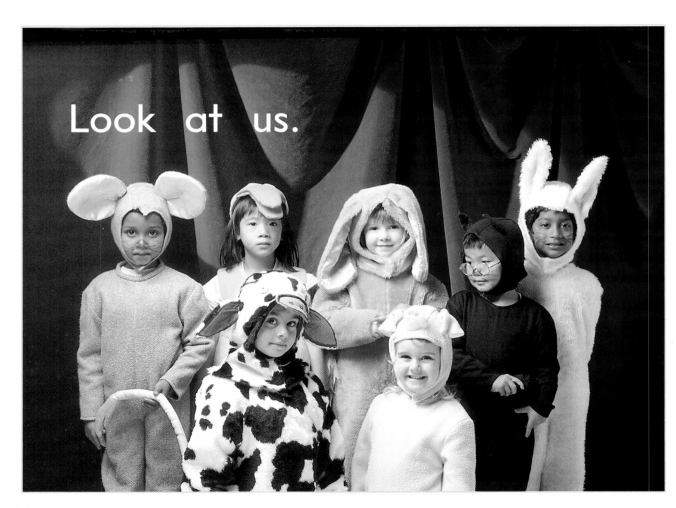

Look at us.